NOMENCLATURE

DES

ÉTABLISSEMENTS INSALUBRES

DANGEREUX OU INCOMMODES

Annexée aux décrets du 3 mai 1886 et suivants, jusqu'au 10 octobre 1899.

Extrait du *Rapport général sur les travaux des Conseils d'hygiène et de salubrité de Meurthe-et-Moselle en 1898.*

(TOME XXXIV)

NANCY
IMPRIMERIE BERGER-LEVRAULT ET Cie
18, RUE DES GLACIS, 18

1899

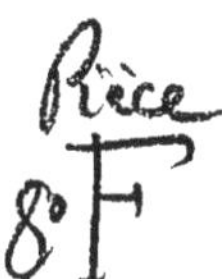

DÉCRET

DU 3 MAI 1886, MODIFIÉ CONFORMÉMENT AUX DÉCRETS RENDUS DEPUIS CETTE ÉPOQUE JUSQU'AU 1er OCTOBRE 1899.

Le Président de la République française,

Sur le rapport du ministre du Commerce et de l'Industrie ;

Vu le décret du 15 octobre 1810, l'ordonnance royale du 14 janvier 1815 et le décret du 25 mars 1852 sur la décentralisation administrative ;

Vu les décrets des 31 décembre 1866, 31 janvier 1872, 7 mai 1878, 22 avril 1879, 26 février 1881 et 20 juin 1883 ;

Vu les avis du Comité consultatif des arts et manufactures,

Le Conseil d'État entendu,

Décrète :

Article 1er. — La nomenclature et la division en trois classes des établissements insalubres, dangereux ou incommodes, sont fixées conformément au tableau annexé au présent décret.

Art. 2. — Les décrets en date des 31 décembre

NOMENCLATURE

DES

ÉTABLISSEMENTS INSALUBRES

DANGEREUX OU INCOMMODES

Annexée aux décrets du 3 mai 1886 et suivants, jusqu'au 10 octobre 1899.

Extrait du *Rapport général sur les travaux des Conseils d'hygiène et de salubrité de Meurthe-et-Moselle en 1898.*

(TOME XXXIV)

NANCY
IMPRIMERIE BERGER-LEVRAULT ET Cie
18, RUE DES GLACIS, 18

1899

1866, 31 janvier 1872, 7 mai 1878, 22 avril 1879, 26 février 1881 et 20 juin 1883 sont rapportés.

Art. 3. — Le ministre du Commerce et de l'Industrie est chargé de l'exécution du présent décret, qui sera publié au *Journal officiel* et inséré au *Bulletin des Lois*.

Fait à Paris, le 3 mai 1886.

Signé : JULES GRÉVY.

Par le Président de la République :

Le Ministre du Commerce et de l'Industrie,

Signé : Édouard LOCKROY.

Nomenclature des établissements insalubres, dangereux ou incommodes, annexée aux décrets du 3 mai 1886 et suivants, jusqu'au 10 octobre 1899.

Tableau de classement par ordre alphabétique.

DÉSIGNATION DES INDUSTRIES.	INCONVÉNIENTS.	CLASSES.
Abattoirs publics.	Odeur et altération des eaux . . .	1re
Absinthe. (Voir *Distillerie.*)		
Acétylène gazeux ou comprimé à une atmosphère et demie au plus :		
Lorsque le volume du gaz approvisionné n'atteint pas 1,000 litres . .	Odeur et danger d'explosion . . .	3e
Lorsque le volume atteint ou dépasse 1,000 litres.	*Idem*	2e
Acide arsénique (Fabrication de l') au moyen de l'acide arsénieux et de l'acide azotique :		
1° Quand les produits nitreux ne sont pas absorbés	Vapeurs nuisibles	1re
2° Quand ils sont absorbés	*Idem*	2e
Acide chlorhydrique (Production de l') par décomposition des chlorures de magnésium, d'aluminium et autres :		
1° Quand l'acide n'est pas condensé .	Émanations nuisibles	1re
2° Quand l'acide est condensé. . . .	Émanations accidentelles	2e
Acide fluorhydrique (Fabrication de l'). .	Émanations nuisibles	2e
Acide lactique (Fabrique d').	Odeur.	2e
Acide muriatique. (Voir *Acide chlorhydrique.*)		
Acide nitrique	Émanations nuisibles	3e
Acide oxalique (Fabrication de l') :		
1° Par l'acide nitrique :		
a. Sans destruction des gaz nuisibles.	Fumée	1re
b. Avec destruction des gaz nuisibles.	Fumée accidentelle	[illegible]
2° Par la sciure de bois et la potasse. .	Fumée	2e
Acide phénique (Dépôt d') contenant plus de 100 kilogr.	Odeur	2e
Acide picrique :		
1° Quand les gaz nuisibles ne sont pas brûlés	Vapeurs nuisibles	1re
2° Avec destruction des gaz nuisibles .	*Idem*	3e
Acide pyroligneux (Fabrication de l') :		
1° Quand les produits gazeux ne sont pas brûlés	Fumée et odeur	2e
2° Quand les produits gazeux sont brûlés	*Idem*	3

DÉSIGNATION DES INDUSTRIES.	INCONVÉNIENTS.	CLASSES.
Acide pyroligneux (Purification de l')	Odeur	2e
Acide salicylique (Fabrication de l') au moyen de l'acide phénique	*Idem*	2e
Acide stéarique (Fabrication de l') :		
1° Par distillation	Odeur et danger d'incendie	1re
2° Par saponification	*Idem*	2e
Acide sulfurique (Fabrication de l') :		
1° Par combustion du soufre et des pyrites	Émanations nuisibles	1re
2° De Nordhausen par décomposition du sulfate de fer	*Idem*	1re
Acide urique. (Voir *Murexide*.)		
Acier (Fabrication de l')	Fumée	3e
Affinage de l'or et de l'argent par les acides	Émanations nuisibles	1re
Affinage des métaux au fourneau. (Voir *Grillage des minerais*.)		
Agglomérés ou briquettes de houille (Fabrication des) :		
1° Au brai gras	Odeur et danger d'incendie	2e
2° Au brai sec	Odeur	3e
Albumine (Fabrication de l') au moyen du sérum frais du sang	*Idem*	3e
Alcali volatil. (Voir *Ammoniaque*.)		
Alcools autres que le vin, sans travail de rectification	Altération des eaux	3e
Idem. (Distillerie agricole.)	*Idem*	3e
Alcool (Rectification de l')	Danger d'incendie	2e
Alcools (Dépôts d') d'un titre supérieur à 40°	*Idem*	2e
Alcool méthylique ou méthylène du commerce	*Idem*	2e
Aldéhyde (Fabrication de l')	*Idem*	1re
Alizarine artificielle (Fabrication de l') au moyen de l'anthracène	Odeur et danger d'incendie	2e
Allume-feux résinés (Fabrication des)	*Idem*	2e
Allumettes chimiques (Dépôt d') :		
1° En quantités au-dessus de 25 mètres cubes	Danger d'incendie	2e
2° De 5 à 25 mètres cubes	*Idem*	3e
Allumettes chimiques (Fabrication des)	Danger d'explosion ou d'incendie	1re
Aluminium et ses alliages	Vapeurs nuisibles	2e
Alun. (Voir *Sulfate d'alumine*.)		
Amidon grillé (Fabrication de l')	Odeur	3e
Amidonneries :		
1° Par fermentation	Odeur, émanations nuisibles et altération des eaux	1re
2° Par séparation du gluten et sans fermentation	Altération des eaux	2e
Ammoniaque (Fabrication en grand de l') par la décomposition des sels ammoniacaux	Odeur	3e
Amorces fulminantes (Fabrication des)	Danger d'explosion	1re
Amorces fulminantes pour pistolets d'enfants (Fabrication d')	*Idem*	2e
Anhydride sulfurique (Fabrication de l') par la combinaison de l'acide sulfureux et de l'oxygène au moyen des substances dites de contact	Fumées, émanations dangereuses	1re

DÉSIGNATION DES INDUSTRIES.	INCONVÉNIENTS.	CLASSES.
Aniline. (Voir *Nitrobenzine.*)		
Appareils de réfrigération :		
1° A ammoniaque	Odeur	3e
2° A éther ou autres liquides volatils et combustibles.	Danger d'explosion et d'incendie .	3e
Arcanson ou résines de pin. (Voir *Résines, etc.*)		
Argenture des glaces avec application de vernis aux hydrocarbures.	Odeur et danger d'incendie. . . .	2e
Argenture sur métaux. (Voir *Dorure et argenture.*)		
Arséniate de potasse (Fabrication de l') au moyen du salpêtre :		
1° Quand les vapeurs ne sont pas absorbées	Émanations nuisibles	1re
2° Quand les vapeurs sont absorbées.	Émanations accidentelles	2e
Artifices (Fabrication des pièces d') . . .	Danger d'incendie et d'explosion .	1re
Asphaltes, bitumes, brais et matières bitumineuses solides (Dépôts d').	Odeur, danger d'incendie	3e
Asphaltes et bitumes (Travail des) à feu nu.	*Idem*	2e
Ateliers de construction de machines et wagons. (Voir *Machines et wagons.*)		
Bâches imperméables (Fabrication des) :		
1° Avec cuisson des huiles	Danger d'incendie.	1re
2° Sans cuisson des huiles.	*Idem*	2e
Bains et boues provenant du dérochage des métaux (Traitement des) :		
1° Si les vapeurs ne sont pas condensées	Vapeurs nuisibles	1re
2° Si les vapeurs sont condensées . .	Vapeurs accidentelles	2e
Baleine (Travail des fanons de). [Voir *Fanons de baleine.*]		
Baryte caustique par décomposition du nitrate (Fabrication de la) :		
1° Si les vapeurs ne sont ni condensées ni détruites	Vapeurs nuisibles	1re
2° Si les vapeurs sont condensées ou détruites.	Vapeurs accidentelles	2e
Baryte (Décoloration du sulfate de) au moyen de l'acide chlorhydrique à vases ouverts	Émanations nuisibles	2e
Battage, cardage et épuration des laines, crins et plumes de literie	Odeur et poussière.	3e
Battage des cuirs (Marteaux pour le). . .	Bruit et ébranlement	3e
Battage et lavage (Ateliers spéciaux pour les) des fils de laine, bourres et déchets de filature de laine et de soie dans les villes	Bruit et poussière	3e
Battage des tapis en grand	*Idem*	2e
Batteurs d'or et d'argent	Bruit.	3e
Battoir à écorces dans les villes	Bruit et poussière	3e
Benzine (Fabrication et dépôts de). [Voir *Huiles de pétrole, de schiste, etc.*]		
Benzine (Dérivés de la). [Voir *Nitrobenzine.*]		
Betteraves (Dépôts de pulpes de) humides destinées à la vente	Odeur, émanations	3e

DÉSIGNATION DES INDUSTRIES.	INCONVÉNIENTS.	CLASSES.
Bitumes (Fabrication et dépôts de). [Voir *Asphaltes.*]		
Blanc de plomb. (Voir *Céruse.*)		
Blanc de zinc (Fabrication de) par la combustion du métal	Fumées métalliques	3e
Blanchiment :		
1° Des fils, des toiles et de la pâte à papier par le chlore.	Odeur, émanations nuisibles . . .	2e
2° Des fils et tissus de lin, de chanvre et de coton par les chlorures (hypochlorites) alcalins	Odeur, altération des eaux. . . .	3e
3° Des fils et tissus de laine et de soie par l'acide sulfureux	Émanations nuisibles	2e
Blanchiment des fils et tissus de laine et de soie par l'acide sulfureux en dissolution dans l'eau.	Émanations accidentelles	3e
Bleu d'outremer (Fabrication du) :		
1° Lorsque les gaz ne sont pas condensés.	Émanations nuisibles	1re
2° Lorsque les gaz sont condensés. . .	Émanations accidentelles	2e
Bleu de Prusse (Fabrication du). [Voir *Cyanure de potassium.*]		
Bocards à minerais ou à crasses.	Bruit.	3e
Boues et immondices (Dépôts de) et voiries.	Odeur.	1re
Bougies de paraffine et autres d'origine minérale (Moulage des)	Odeur, danger d'incendie.	3e
Bougies et autres objets en cire et en acide stéarique	Danger d'incendie.	3e
Bouillon de bière (Distillation de). [Voir *Distilleries.*]		
Boules au glucose caramélisé pour usage culinaire (Fabrication des)	Odeur.	3e
Bourre. (Voir *Battage.*)		
Boutonniers et autres emboutisseurs de métaux par moyens mécaniques. . . .	Bruit.	3e
Boyauderies (Travail des boyaux frais pour tous usages.)	Odeur, émanations nuisibles . . .	1re
Boyaux et pieds d'animaux abattus (Dépôts de). [Voir *Chairs et débris.*]		
Boyaux salés destinés au commerce de la charcuterie (Dépôts de)	Odeur.	2e
Brasseries	*Idem*	3e
Briqueteries avec fours non fumivores. .	Fumée	3e
Briqueteries flamandes	*Idem*	2e
Briquettes ou agglomérés de houille (Voir *Agglomérés.*)		
Brûlage des vieilles boîtes et autres objets en fer-blanc	Odeur, fumée	3e
Brûleries des galons et tissus d'or ou d'argent. (Voir *Galons.*)		
Buanderies.	Altération des eaux	3e
Café (Torréfaction en grand du).	Odeur et fumée	3e
Caillettes et caillons pour la confection des fromages. (Voir *Chairs et débris, etc.*)		
Cailloux (Fours pour la calcination des) .	Fumée.	3e
Calcination des cailloux. (Voir *Cailloux.*)		
Calorigène (Dépôts de) et mélanges de ce genre	Danger d'incendie.	2e

DÉSIGNATION DES INDUSTRIES.	INCONVÉNIENTS.	CLASSES.
Caoutchoucs factices ou caoutchoucs des huiles (Fabrication des).	Odeur { à froid . . . . Odeur { à chaud.	2e 1re
Caoutchouc (Travail du) avec emploi d'huiles essentielles ou de sulfure de carbone.	Odeur, danger d'incendie.	2e
Caoutchouc (Application des enduits du).	Danger d'incendie.	2e
Carbonisation du bois :		
1° A l'air libre dans des établissements permanents et autre part qu'en forêt.	Odeur et fumée	2e
2° En vases clos . . . { Avec dégagement dans l'air des produits gazeux de la distillation. . . .	*Idem*	2e
2° En vases clos . . . { Avec combustion des produits gazeux de la distillation.	*Idem*	3e
Carbonisation des matières animales en général	Odeur.	1re
Carbure de calcium et carbures présentant des dangers analogues (Fabrication de).	Odeur et poussière nuisibles . . .	1re
Cartonniers	Odeur.	3e
Cartouches de guerre destinées à l'exportation (Fabriques et dépôts de)	Danger d'explosion et d'incendie.	1re
Celluloïd et produits nitrés analogues { (Fabrication du). . . .	Vapeurs nuisibles, danger d'incendie	1re
Celluloïd et produits nitrés analogues { (Ateliers de façonnage du).	Danger d'incendie.	2e
Celluloïd brut ou façonné (Dépôt de) renfermant moins de 300 kilogr.	*Idem*	3e
Celluloïd brut ou façonné (Dépôt de) renfermant de 300 à 800 kilogr.	*Idem*	2e
Celluloïd brut ou façonné (Dépôt de) renfermant 800 kilogr. et plus	*Idem*	1re
Celluloïd en dissolution (Dépôt de) dans l'alcool et l'éther, l'acétone, l'éther acétique, renfermant plus de 20 litres. . .	*Idem*	2e
Cendres d'orfèvre (Traitement des) par le plomb	Fumées métalliques	3e
Cendres de varechs (Lessivage des) . . .	Émanations nuisibles	3e
Cendres gravelées :		
1° Avec dégagement de la fumée au dehors.	Fumée et odeur	1re
2° Avec combustion ou condensation des fumées.	*Idem*	2e
Céruse ou blanc de plomb (Fabrication de la)	Émanations nuisibles	3e
Chairs, débris et issues (Dépôts de) provenant de l'abatage des animaux . . .	Odeur.	1re
Chamoiseries.	*Idem*	2e
Chandelles (Fabrication des)	Odeur, danger d'incendie.	3e
Chanvre (Teillage et rouissage du) en grand. [Voir *Teillage* ou *Rouissage*.]		
Chanvre imperméable. (Voir *Feutre goudronné*.)		
Chapeaux de feutre (Fabrication de). . .	Odeur et poussière.	3e
Chapeaux de soie ou autres préparés au moyen d'un vernis (Fabrication de) . .	Danger d'incendie.	2e
Charbons agglomérés. (Voir *Agglomérés*.)		

DÉSIGNATION DES INDUSTRIES.	INCONVÉNIENTS.	CLASSES.
Charbon animal (Fabrication ou revivification du). [Voir *Carbonisation des matières animales.*]		
Charbon de bois dans les villes (Dépôts ou magasins de)	Danger d'incendie	3e
Charbons de terre. (Voir *Houille* et *Coke.*)		
Chaudronnerie. (Voir *Forges de grosses œuvres.*)		
Chaudronnerie et serrurerie (Ateliers de) employant des marteaux à la main, dans les villes et centres de population de 2,000 âmes et au-dessus :		
1° Ayant de 4 à 10 étaux ou enclumes ou de 8 à 20 ouvriers	Bruit	3e
2° Ayant plus de 10 étaux ou enclumes ou plus de 20 ouvriers	*Idem*	2e
Chaux (Fours à) :		
1° Permanents	Fumée, poussière	2e
2° Ne travaillant pas plus d'un mois par an	*Idem*	3e
Chicorée (Torréfaction en grand de la)	Odeur et fumée	3e
Chiens (Infirmerie de)	Odeur et bruit	1re
Chiffons (Dépôts de)	Odeur	3e
Chiffons (Traitement des) par la vapeur de l'acide chlorhydrique :		
1° Quand l'acide n'est pas condensé	Émanations nuisibles	1re
2° Quand l'acide est condensé	Émanations accidentelles	3e
Chlorate de potasse (Fabrication du) par électrolyse	Poussière	3e
Chlore (Fabrication du)	Odeur	2e
Chlorure de chaux (Fabrication du) :		
1° En grand	*Idem*	2e
2° Dans les ateliers fabriquant au plus 300 kilogr. par jour	*Idem*	3e
Chlorures de soufre (Fabrication des)	Vapeurs nuisibles	1re
Chlorures de plomb (Fonderies de)	Émanations nuisibles	2e
Chlorures alcalins, eau de Javelle (Fabrication des)	Odeur	2e
Choucroute (Ateliers de fabrication de la)	*Idem*	3e
Chromate de potasse (Fabrication du)	*Idem*	3e
Chrysalides (Ateliers pour l'extraction des parties soyeuses des)	*Idem*	1re
Ciment (Fours à) :		
1° Permanents	Fumée, poussière	2e
2° Ne travaillant pas plus d'un mois par an	*Idem*	3e
Cire à cacheter (Fabrication de la)	Danger d'incendie	3e
Cochenille ammoniacale (Fabrication de la)	Odeur	3e
Cocons :		
1° Traitement des frisons de cocons	Altération des eaux	2e
2° Filature de cocons. (Voir *Filature.*)		
Coke (Fabrication du) :		
1° En plein air ou en fours non fumivores	Fumée et poussière	1re
2° En fours fumivores	Poussière	2e
Colle forte (Fabrication de la)	Odeur, altération des eaux	1re

DÉSIGNATION DES INDUSTRIES.	INCONVÉNIENTS.	CLASSES.
Colle de peaux et colle de pâte (Fabrication de)	Odeur des résidus	3e
Collodion (Fabrique de)	Danger d'explosion ou d'incendie.	1re
Combustion des plantes marines dans les établissements permanents	Odeur et fumée	1re
Construction (Ateliers de). [Voir *Machines et wagons*.]		
Cordes à instruments en boyaux (Fabrication de). [Voir *Boyauderies*.)		
Cornes et sabots (Aplatissement des) :		
1° Avec macération	Odeur et altération des eaux	2e
2° Sans macération	Odeur	3e
Corroieries	*Idem*	2e
Coton et coton gras (Blanchisserie des déchets de)	Altération des eaux	3e
Crayons de graphite pour éclairage électrique (Fabrication des)	Bruit et fumée	2e
Cretons (Fabrication de)	Odeur et danger d'incendie	1re
Crins (Teinture des). [Voir *Teintureries*.]		
Crins et soies de porc (Préparation des) sans fermentation (Voir aussi *Soies de porc par fermentation*.)	Odeur et poussière	2e
Cristaux (Fabrication de). [Voir *Verreries, etc.*]		
Cuirs vernis (Fabrication de)	Odeur et danger d'incendie	1re
Cuirs verts et peaux fraîches (Dépôts de).	Odeur	2e
Cuivre (Dérochage du) par les acides	Odeur, émanations nuisibles	3e
Cuivre (Fonte du). [Voir *Fonderies, etc.*]		
Cuivre (Trituration des composés du)	Poussières	3e
Cyanure de potassium et bleu de Prusse (Fabrication de) :		
1° Par la calcination directe des matières animales avec la potasse	Odeur	1re
2° Par l'emploi de matières préalablement carbonisées en vases clos	*Idem*	2e
Cyanure rouge de potassium ou prussiate rouge de potasse	Émanations nuisibles	3e
Débris d'animaux (Dépôts de). [Voir *Chairs, etc.*)		
Déchets des filatures de lin, de chanvre et de jute (Lavage et séchage en grand des)	Odeur, altération des eaux	2e
Déchets de laine (Dégraissage des). [Voir *Peaux*.]		
Déchets de matières filamenteuses (Dépôts de) en grand dans les villes	Danger d'incendie	3e
Dégras ou huile épaisse à l'usage des chamoiseurs et corroyeurs (Fabrication de).	Odeur, danger d'incendie	1re
Dérochage du cuivre. (Voir *Cuivre*.)		
Distilleries en général, eau-de-vie, genièvre, kirsch, absinthe et autres liqueurs alcooliques	Danger d'incendie	3e
Dorure et argenture sur métaux	Émanations nuisibles	3e
Dynamite (Fabriques et dépôts de). [Régime spécial.]		
Eau de Javelle (Fabrication d'). [Voir *Chlorures alcalins*.]		

DÉSIGNATION DES INDUSTRIES.	INCONVÉNIENTS.	CLASSES.
Eau-de-vie. (Voir *Distilleries.*)		
Eau-forte. (Voir *Acide nitrique.*)		
Eaux grasses (Extraction, pour la fabrication du savon et autres usages, des huiles contenues dans les) :		
1° En vases ouverts.	Odeur, danger d'incendie	1re
2° En vases clos	*Idem*.	2e
Eaux oxygénées (Fabrique d'). [Voir *Baryte caustique.*]		
Eaux savonneuses des fabriques. (Voir *Huiles extraites des débris d'animaux.*)		
Échaudoirs :		
1° Pour la préparation industrielle des débris d'animaux	Odeur.	1re
2° Pour la préparation des parties d'animaux propres à l'alimentation.	*Idem*	3e
Émail (Application de l') sur les métaux.	Fumée	3e
Émaux (Fabrication d') avec fours non fumivores	*Idem*.	3e
Encres d'imprimerie (Fabrication des) :		
1° Avec cuisson d'huile à feu nu. . .	Odeur et danger d'incendie . . .	1re
2° Sans cuisson d'huile à feu nu. . .	*Idem*.	2e
Engrais (Fabrication des) au moyen des matières animales	Odeur	1re
Engrais (Dépôts d') au moyen des matières provenant de vidanges ou de débris d'animaux :		
1° Non préparés ou en magasin non couvert	*Idem*.	1re
2° Desséchés ou désinfectés et en magasin couvert, quand la quantité excède 25,000 kilogr.	*Idem*.	2e
3° Les mêmes, quand la quantité est inférieure à 25,000 kilogr.	*Idem*.	3e
Engrais et insecticides à base de goudron ou de résidus d'épuration du gaz (Fabrication d') :		
A l'air libre	Odeur et danger d'incendie . . .	1re
En vases clos.	*Idem*.	2e
Engraissement des volailles dans les villes (Établissement pour l')	Odeur	3e
Épaillage des laines et draps (par la voie humide).	Danger d'incendie.	3e
Éponges (Lavage et séchage des).	Odeur et altération des eaux. . .	3e
Équarrissage des animaux	Odeur, émanations nuisibles . . .	1re
Étamage des glaces.	Émanations nuisibles	3e
Éther (Dépôts d') :		
1° Si la quantité emmagasinée est, même temporairement, de 1,000 litres ou plus	Danger d'incendie et d'explosion .	1re
2° Si la quantité, supérieure à 100 litres, n'atteint pas 1,000 litres . . .	*Idem*.	2e
Éther (Fabrication d').	*Idem*.	1re
Éther (Distillation de l') :		
Si la quantité de liquide éthéré distillée à la fois est comprise entre 10 et 30 litres	Danger d'explosion et d'incendie.	2e

DÉSIGNATION DES INDUSTRIES.	INCONVÉNIENTS.	CLASSES.
Si la quantité de liquide éthéré distillée à la fois dépasse 30 litres. . .	Danger d'explosion et d'incendie.	1re
Étoffes (Dégraissage des). [Voir *Peaux.*]		
Étoupes (Transformation en) des cordages hors de service, goudronnés ou non . .	Danger d'incendie.	3e
Étoupilles (Fabrication d') avec matières explosives.	Danger d'explosion et d'incendie.	1re
Faïence (Fabrique de) :		
1° Avec fours non fumivores	Fumée	2e
2° Avec fours fumivores.	Fumée accidentelle	3e
Fanons de baleine (Travail des).	Émanations incommodes.	3e
Féculeries.	Odeur, altération des eaux. . . .	3e
Fer (Dérochage du).	Vapeurs nuisibles	3e
Fer (Galvanisation du)	*Idem*	3e
Fer-blanc (Fabrication du)	Fumée	3e
Feutres et visières vernis (Fabrication de).	Odeur, danger d'incendie	1re
Feutre goudronné (Fabrication du) . . .	*Idem*.	2e
Filature des cocons (Ateliers dans lesquels la) s'opère en grand, c'est-à-dire employant au moins six tours	Odeur, altération des eaux. . . .	3e
Fonderie de cuivre, laiton et bronze. . .	Fumées métalliques	3e
Fonderies en deuxième fusion.	Fumée	3e
Fonte et laminage du plomb, du zinc et du cuivre	Bruit, fumée	3e
Forges et chaudronneries de grosses œuvres employant des marteaux mécaniques.	Fumée, bruit	2e
Formes en tôle pour raffinerie. (Voir *Tôles vernies.*)		
Fourneaux à charbon de bois. (Voir *Carbonisation du bois.*)		
Fourneaux (Hauts).	Fumée et poussière	2e
Fours pour la calcination des cailloux. (Voir *Cailloux.*)		
Fours à plâtre et fours à chaux. (Voir *Plâtre, Chaux.*)		
Fromages (Dépôts de) dans les villes. . .	Odeur	3e
Fulminate de mercure (Fabrication du) .	Danger d'explosion et d'incendie.	1re
Galipots ou résines de pin. (Voir *Résines.*)		
Galons et tissus d'or et d'argent (Brûleries en grand des) dans les villes.	Odeur	2e
Gaz, goudrons des usines. (Voir *Goudrons.*)		
Gaz d'éclairage et de chauffage (Fabrication du) :		
1° Pour l'usage public.	Odeur, danger d'incendie.	2e
2° Pour l'usage particulier.	*Idem*	3e
Gazomètres pour l'usage particulier, non attenants aux usines de fabrication . .	*Idem*	3e
Gélatine alimentaire (Fabrication de la) et des gélatines provenant de peaux blanches et de peaux fraîches non tannées	Odeur.	3e
Générateurs à vapeur. (Régime spécial.)		
Genièvre. (Voir *Distilleries.*)		
Glace. (Voir *Appareils de réfrigération.*)		
Glaces (Étamage des). [Voir *Étamage.*]		
Glycérine (Distillation de la)	*Idem*	3e

DÉSIGNATION DES INDUSTRIES.	INCONVÉNIENTS.	CLASSES.
Glycérine (Extraction de la) des eaux de savonnerie ou de stéarinerie.	Odeur.	2e
Goudrons (Usines spéciales pour l'élaboration des) d'origines diverses.	Odeur, danger d'incendie	1re
Goudrons (Traitement des) dans les usines à gaz où ils se produisent.	*Idem*	2e
Goudrons et matières bitumineuses fluides (Dépôts de).	*Idem*	2e
Goudrons et brais végétaux d'origines diverses (Élaboration des).	*Idem*	1re
Graisses à feu nu (Fonte des)	*Idem*	1re
Graisses de cuisine (Traitement des).	Odeur.	1re
Graisses et suifs (Refonte des).	*Idem*	3e
Graisses (Fonte aux acides des)	Odeur et altération des eaux	2e
Graisses pour voitures (Fabrication des).	Odeur, danger d'incendie	1re
Gravure chimique sur verre, avec application de vernis aux hydrocarbures	*Idem*	2e
Grillage des minerais sulfureux quand les gaz sont condensés et que le minerai ne renferme pas d'arsenic	Fumée, émanations nuisibles.	2e
Guano (Dépôts de) :		
1° Quand l'approvisionnement excède 25,000 kilogr.	Odeur	1re
2° Pour la vente au détail.	*Idem*	3e
Harengs (Saurage des)	*Idem*	3e
Hongroieries.	*Idem*	3e
Houille (Agglomérés de). [Voir *Agglomérés*.]		
Huile de Bergues (Fabrique d'). [Voir *Dégras*.]		
Huiles de ressence (Fabrication des).	Odeur, altération des eaux.	2e
Huiles lourdes créosotées (Injection des bois à l'aide des) :		
Ateliers opérant en grand et d'une manière permanente	Odeur, danger d'incendie	2e
Huiles de pétrole, de schiste et de goudron, essences et autres hydrocarbures employés pour l'éclairage, le chauffage, la fabrication des couleurs et vernis, le dégraissage des étoffes et autres usages :		
I. Fabrication, distillation et travail en grand.	*Idem*	1re
II. Dépôts :		
1° Substances très inflammables, c'est-à-dire émettant des vapeurs susceptibles de prendre feu[1] à une température de moins de 35 degrés :		
a. Si la quantité emmagasinée est, même temporairement, de 1,050 litres[2] ou plus	*Idem*	1re
b. Si la quantité, supérieure à 150 litres, n'atteint pas 1,050 litres.	*Idem*	2e

1. Au contact d'une allumette enflammée.
2. Le fût généralement adopté par le commerce pour les pétroles est de 150 litres ; 1,050 litres représentent donc sept desdits fûts.

DÉSIGNATION DES INDUSTRIES.	INCONVÉNIENTS.	CLASSES.
2° Substances moins inflammables, c'est-à-dire n'émettant de vapeurs susceptibles de prendre feu[1] qu'à une température de 35 degrés et au-dessus :		
a. Si la quantité emmagasinée est, même temporairement, de 10,500 litres ou plus.	Odeur, danger d'incendie	1re
b. Si la quantité emmagasinée, supérieure à 1,050 litres, n'atteint pas 10,500 litres.	*Idem*.	2e
Huile de pieds de bœuf (Fabrication d') :		
1° Avec emploi de matières en putréfaction.	Odeur	1re
2° Quand les matières employées ne sont pas putréfiées	*Idem*.	2e
Huiles de poisson (Fabrique d')	Odeur, danger d'incendie	1re
Huile épaisse ou dégras. (Voir *Dégras.*)		
Huiles de résine (Fabrication des)	*Idem*.	1re
Huileries ou moulins à huile	*Idem*.	3e
Huiles (Épuration des)	*Idem*.	3e
Huiles essentielles ou essences de térébenthine, d'aspic et autres. (Voir *Huiles de pétrole, de schiste, etc.*)		
Huiles et autres corps gras extraits des débris des matières animales (Extraction des).	*Idem*.	1re
Huiles extraites des schistes bitumineux. (Voir *Huiles de pétrole, de schiste, etc.*)		
Huiles (Mélange à chaud ou cuisson des) :		
1° En vases ouverts.	*Idem*.	1re
2° En vases clos	*Idem*.	2e
Huiles oxydées par exposition à l'air (Fabrication et emploi des) :		
1° Avec cuisson préalable.	*Idem*.	1re
2° Sans cuisson.	*Idem*.	2e
Huiles rousses (Fabrication des) par extraction des cretons et débris de graisse à haute température	*Idem*.	1re
Impressions sur étoffes. (Voir *Toiles peintes.*)		
Jute (Teillage du). [Voir *Teillage.*]		
Kirsch. (Voir *Distilleries.*)		
Laine. (Voir *Battage.*)		
Laiteries en grand dans les villes	Odeur	2e
Lard (Ateliers à enfumer le)	Odeur et fumée	3e
Lavage des cocons. (Voir *Cocons.*)		
Lavage et séchage des éponges. (Voir *Éponges.*)		
Lavoirs à houille.	Altération des eaux	3e
Lavoirs à laine.	*Idem*.	3e
Lavoirs à minerais en communication avec des cours d'eau	*Idem*.	3e
Lessives alcalines des papeteries (Incinération des).	Fumée, odeur et émanations nuisibles.	2e

1. Au contact d'une allumette enflammée.

DÉSIGNATION DES INDUSTRIES.	INCONVÉNIENTS.	CLASSES.
Liège (Usine pour la trituration du) . . .	Danger d'incendie.	2e
Lies de vin (Incinération des) :		
1° Avec dégagement de la fumée au dehors.	Odeur	1re
2° Avec combustion ou condensation des fumées.	*Idem*	2e
Lies de vin (Séchage des)	*Idem*	2e
Lignites (Incinération des)	Fumée, émanations nuisibles. . .	1re
Lin (Teillage en grand du). [Voir *Teillage.*]		
Lin (Rouissage du). [Voir *Rouissage.*]		
Liqueurs alcooliques. (Voir *Distilleries.*)		
Liquide pour l'éclairage (Dépôts de) au moyen de l'alcool et des huiles essentielles	Danger d'incendie et d'explosion.	2e
Litharge (Fabrication de).	Poussière nuisible.	3e
Machines et wagons (Ateliers de construction de)	Bruit, fumée	2e
Machines à vapeur. (Voir *Générateurs.*)		
Malteries.	Altération des eaux	3e
Marcs ou charrées de soude (Exploitation des), en vue d'en extraire le soufre, soit libre, soit combiné	Odeur, émanations nuisibles . . .	1re
Maroquineries	Odeur	3e
Massicot (Fabrication du).	Émanations nuisibles	3e
Matières colorantes (Fabrication des) au moyen de l'aniline et de la nitrobenzine.	Odeur, émanations nuisibles . . .	3e
Mèches de sûreté pour mineurs (Fabrication des):		
1° Quand la quantité manipulée ou conservée dépasse 100 kilogr. de poudre ordinaire	Danger d'incendie ou d'explosion.	1re
2° Quand la quantité manipulée ou conservée est inférieure à 100 kilogr. de poudre ordinaire	*Idem*	2e
Mégisseries.	Odeur	3e
Mélanges d'huiles. (Voir *Huiles* [*mélange à chaud*].)		
Ménageries.	Danger des animaux.	1re
Métaux (Ateliers de) pour construction de machines et appareils. (Voir *Machines.*)		
Minerais de métaux précieux (Traitement des)	Émanations nuisibles	3e
Minium (Fabrication du)	*Idem*	3e
Miroirs métalliques (Fabrique de) et autres ateliers employant des moutons :		
1° Où on emploie des marteaux ne pesant pas plus de 25 kilogr. et n'ayant que 1 mètre au plus de longueur de chute.	Bruit et ébranlement	3e
2° Où on emploie des marteaux ne pesant pas plus de 25 kilogr. et ayant plus de 1 mètre de longueur de chute.	*Idem*	2e
3° Où on emploie des marteaux d'un poids supérieur à 25 kilogr., quelle que soit la longueur de chute . . .	*Idem*	2e
Morues (Sécheries des)	Odeur	2e
Moulins à broyer le plâtre, la chaux, les cailloux et les pouzzolanes	Poussière.	3e

DÉSIGNATION DES INDUSTRIES.	INCONVÉNIENTS.	CLASSES.
Moulins à huile. (Voir *Huileries.*)		
Moutons (Ateliers employant des). [Voir *Miroirs métalliques.*]		
Murexide (Fabrication de la) en vases clos par la réaction de l'acide azotique et de l'acide urique du guano.	Émanations nuisibles	2e
Nitrates métalliques obtenus par l'action directe des acides (Fabrication des) :		
1° Si les vapeurs ne sont pas condensées.	Vapeurs nuisibles	1re
2° Si les vapeurs sont condensées . .	Vapeurs accidentelles	2e
Nitrate de méthyle (Fabrique de)	Danger d'explosion	1re
Nitrobenzine, aniline et matières dérivant de la benzine (Fabrication de).	Odeur, émanations nuisibles et danger d'incendie	2e
Noir des raffineries et des sucreries (Revivification du).	Émanations nuisibles, odeur. . .	2e
Noir de fumée (Fabrication du) par la distillation de la houille, des goudrons, bitumes, etc.	Fumée, odeur.	2e
Noir d'ivoire et noir animal (Distillation des os ou fabrication du) :		
1° Lorsqu'on n'y brûle pas les gaz. .	Odeur	1re
2° Lorsque les gaz sont brûlés . . .	*Idem*	2e
Noir minéral (Fabrication du) par le broyage des résidus de la distillation des schistes bitumineux.	Odeur et poussière.	3e
Oignons (Dessiccation des) dans les villes.	Odeur	2e
Olives (Confiserie des)	Altération des eaux	3e
Olives (Tourteaux d'). [Voir *Tourteaux.*]		
Orseille (Fabrication de l') :		
1° En vases ouverts	Odeur	1re
2° En vases clos et employant de l'ammoniaque à l'exclusion de l'urine .	*Idem*	3e
Os (Torréfaction des) pour engrais :		
1° Lorsque les gaz ne sont pas brûlés.	Odeur et danger d'incendie. . . .	1re
2° Lorsque les gaz sont brûlés. . . .	*Idem*	2e
Os d'animaux (Calcination des). [Voir *Carbonisation des matières animales.*]		
Os frais (Dépôts d') en grand	Odeur, émanations nuisibles. . .	1re
Os secs (Dépôts d') en grand	Odeur	3e
Ouates (Fabrication des)	Poussière et danger d'incendie. .	3e
Papier (Fabrication du).	Danger d'incendie.	3e
Pâte à papier (Préparation de la) au moyen de la paille et autres matières combustibles	Altération des eaux	2e
Parchemineries	Odeur	3e
Peaux, étoffes et déchets de laine (Dégraissage des) par les huiles de pétrole et autres hydrocarbures.	Odeur et danger d'incendie. . . .	1re
Peaux (Lustrage et apprêtage des). . . .	Odeur et poussière	3e
Peaux (Planage et séchage des)	Odeur	2e
Peaux de lièvres et de lapins. (Voir *Secrétage.*)		
Peaux de mouton (Séchage des)	*Idem*	3e
Peaux fraîches. (Voir *Cuirs verts.*)		
Peaux salées non séchées (Dépôts de) . .	Odeurs	3e
Peaux sèches (Dépôts de), conservées à l'aide de produits odorants	*Idem*	3e

DÉSIGNATION DES INDUSTRIES.	INCONVÉNIENTS.	CLASSES.
Perchlorure de fer par dissolution de peroxyde de fer (Fabrication de)	Émanations nuisibles	3e
Pétrole. (Voir *Huiles de pétrole, etc.*)		
Phellosine (Fabrication de la).	Odeur et danger d'incendie. . . .	1re
Phosphate de chaux (Ateliers pour l'extraction et le lavage du).	Altération des eaux	3e
Phosphore (Fabrication du).	Danger d'incendie.	1re
Pileries mécaniques des drogues.	Bruit et poussière.	3e
Pipes à fumer (Fabrication des) :		
1° Avec fours non fumivores	Fumée	2e
2° Avec fours fumivores	Fumée accidentelle	3e
Plantes marines. (Voir *Combustion des plantes marines.*)		
Platine (Fabriques de)	Émanations nuisibles	2e
Plâtre (Fours à) :		
1° Permanents.	Fumée et poussière	2e
2° Ne travaillant pas plus d'un mois .	*Idem*	3e
Plomb (Fonte et laminage du). [Voir *Fonte, etc.*]		
Poêliers fournalistes, poêles et fourneaux en faïence et terre cuite. (Voir *Faïence.*)		
Poils de lièvre et de lapin. (Voir *Secrétage.*)		
Poissons salés (Dépôts de)	Odeur incommode.	2e
Porcelaine (Fabrication de la) :		
1° Avec fours non fumivores	Fumée	2e
2° Avec fours fumivores.	Fumée accidentelle	3e
Porcheries comprenant plus de six animaux ayant cessé d'être allaités :		
1° Lorsqu'elles ne sont point l'accessoire d'un établissement agricole . 2° Lorsque, dépendant d'un établissement agricole, elles sont situées dans les agglomérations urbaines de 5,000 âmes et au-dessus	Odeur, bruit	2e
Potasse (Fabrication de la) par calcination des résidus de mélasse	Fumée et odeur.	2e
Potasse. (Voir *Chromate de potasse.*)		
Poteries de terre (Fabrication de) avec fours non fumivores	Fumée	3e
Poudres et matières fulminantes (Fabrication de). [Voir aussi *Fulminate de mercure.*]	Danger d'explosion et d'incendie.	1re
Poudre de mine comprimée (Fabrication de cartouches de).	*Idem*	1re
Poudrette (Fabrication de) et autres engrais au moyen de matières animales .	Odeur et altération des eaux. . .	1re
Poudrette (Dépôts de). [Voir *Engrais.*]		
Pouzzolane artificielle (Fours à).	Fumée	3e
Protochlorure d'étain ou sel d'étain (Fabrication du).	Émanations nuisibles	2e
Prussiate de potasse. (Voir *Cyanure de potassium.*)		
Pulpes de betteraves. (Voir *Betteraves.*)		
Pulpes de pommes de terre. (Voir *Fécules.*)		
Raffineries et fabriques de sucre.	Fumée, odeur.	2e
Réfrigération (Appareils de) par l'acide sulfureux	Émanations nuisibles	2e

DÉSIGNATION DES INDUSTRIES.	INCONVÉNIENTS.	CLASSES.
Résines, galipots et arcansons (Travail en grand pour la fonte et l'épuration des).	Odeur, danger d'incendie	1re
Rogues (Dépôts de salaisons liquides connues sous le nom de)	Odeur	2e
Rouge de Prusse et d'Angleterre.	Émanations nuisibles	1re
Rouissage en grand du chanvre, du lin et de la ramie par l'action des acides, de l'eau chaude et de la vapeur	Émanations nuisibles et altération des eaux	2e
Rouissage en grand du chanvre et du lin par l'action des acides, de l'eau chaude et de la vapeur.	*Idem*	2e
Sabots (Ateliers à enfumer les) par la combustion de la corne ou d'autres matières animales dans les villes.	Odeur et fumée	1re
Salaison et préparation des viandes . . .	Odeur	3e
Salaisons (Ateliers pour les) et le saurage des poissons	*Idem*	2e
Salaisons (Dépôts de) dans les villes. . .	*Idem*	3e
Sang :		
1° Ateliers pour la séparation de la fibrine, de l'albumine, etc.	*Idem*	1re
2° (Dépôts de) pour la fabrication du bleu de Prusse et autres industries.	*Idem*.	1re
3° (Fabrique de poudre de) pour la clarification des vins	*Idem*	1re
Sardines (Fabriques de conserves de) dans les villes.	*Idem*	2e
Saucissons (Fabrication en grand de) . .	*Idem*	2e
Saurage des harengs. (Voir *Harengs.*)		
Savonneries	*Idem*	3e
Schistes bitumineux. (Voir *Huiles de pétrole, de schiste, etc.*)		
Scieries mécaniques et établissements où l'on travaille le bois à l'aide de machines à vapeur ou à feu	Danger d'incendie.	3e
Séchage des éponges. (Voir *Éponges.*)		
Sécheries des morues. (Voir *Morues.*)		
Secrétage des peaux ou poils de lièvre et de lapin	Odeur	2e
Sel ammoniac et sulfate d'ammoniaque (Fabrication des) par l'emploi des matières animales :		
1° Comme établissement principal. .	Odeur, émanations nuisibles. . .	1re
2° Comme annexe d'un dépôt d'engrais provenant de vidanges ou de débris d'animaux précédemment autorisé	*Idem*	2e
Sel ammoniac extrait des eaux d'épuration du gaz (Fabrique spéciale de). . .	Odeur	2e
Sel de soude (Fabrication du) avec le sulfate de soude.	Fumées, émanations nuisibles . .	3e
Sel d'étain. (Voir *Protochlorure d'étain.*)		
Serrurerie (Ateliers de). [Voir *Chaudronnerie.*]		
Sinapismes (Fabrication des) à l'aide des hydrocarbures :		
1° Sans distillation	Odeur	2e

DÉSIGNATION DES INDUSTRIES.	INCONVÉNIENTS.	CLASSES.
2° Avec distillation.	Odeur et danger d'incendie. . . .	1re
Sirops de fécule et glucose (Fabrication des).	Odeur	3e
Soie. (Voir *Chapeaux*.)		
Soie. (Voir *Filature*.)		
Soie artificielle (Fabrication de la) au moyen du collodion.	Danger d'explosion et d'incendie.	1re
Soies de porcs (Préparation des) :		
1° Par fermentation	Odeur	1re
2° Sans fermentation. (Voir *Crins et soies de porcs*.)		
Soude. (Voir *Sulfate de soude*.)		
Soudes brutes (Dépôt de résidus provenant du lessivage des).	Odeur, émanations nuisibles. . .	1re
Soudes brutes de varech (Fabrication des) dans les établissements permanents . .	Odeur et fumée	1re
Soufre (Fusion ou distillation du)	Émanations nuisibles, danger d'incendie	2e
Soufre (Lustrage au) des imitations de chapeaux de paille	Poussières nuisibles.	3e
Soufre (Pulvérisation et blutage du). . .	Poussières, danger d'incendie . .	3e
Sucre (Râperies annexées aux fabriques de)	Odeur et altération des eaux. . .	3e
Sucre. (Voir *Raffineries et fabriques de sucre*.)		
Suif brun (Fabrication du)	Odeur, danger d'incendie.	1re
Suif en branches (Fonderies de) :		
1° A feu nu	*Idem*.	1re
2° Au bain-marie ou à la vapeur. . .	Odeur	2e
Suif d'os (Fabrication du).	Odeur, altération des eaux, danger d'incendie.	1re
Sulfate de baryte. (Voir *Baryte*.)		
Sulfate de cuivre (Fabrication du) au moyen du grillage des pyrites.	Émanations nuisibles et fumée. .	1re
Sulfate de mercure (Fabrication du) :		
1° Quand les vapeurs ne sont pas absorbées	Émanations nuisibles	1re
2° Quand les vapeurs sont absorbées.	Émanations moindres	2e
Sulfate de peroxyde de fer (Fabrication du) par le sulfate de protoxyde de fer et l'acide nitrique (nitro-sulfate de fer).	Émanations nuisibles	2e
Sulfate de protoxyde de fer ou couperose verte par l'action de l'acide sulfurique sur la ferraille (Fabrication en grand du).	Fumées, émanations nuisibles . .	3e
Sulfate de soude (Fabrication du) par la décomposition du sel marin par l'acide sulfurique :		
1° Sans condensation de l'acide chlorhydrique.	Émanations nuisibles	1re
2° Avec condensation complète de l'acide chlorhydrique.	*Idem*	2e
Sulfate de fer, d'alumine et alun (Fabrication du) par le lavage des terres pyriteuses et alumineuses grillées	Fumée et altération des eaux. . .	3e
Sulfure d'arsenic (Fabrication du), à la condition que les vapeurs seront condensées	Odeur, émanations nuisibles. . .	2e
Sulfure de carbone (Fabrication du). . .	Odeur, danger d'incendie	1re

DÉSIGNATION DES INDUSTRIES.	INCONVÉNIENTS.	CLASSES.
Sulfure de carbone (Manufactures dans lesquelles on emploie en grand le) . . .	Danger d'incendie.	1re
Sulfure de carbone (Dépôts de). [Suivent le régime des huiles de pétrole.]		
Sulfure de sodium (Fabrication du) . . .	Odeur	2e
Sulfures métalliques. (Voir *Grillage des minerais sulfureux.*)		
Superphosphate de chaux et de potasse (Fabrication du)	Émanations nuisibles	2e
Tabacs (Manufactures de).	Odeur et poussière	2e
Tabac (Incinération des côtes de)	Odeur et fumée	1re
Tabatières en carton (Fabrication des). .	Odeur et danger d'incendie . . .	3e
Taffetas et toiles vernis ou cirés (Fabrication de)	*Idem*	1re
Tan (Moulins à)	Bruit et poussière	3e
Tannée humide (Incinération de la) . . .	Fumée, odeur.	2e
Tanneries	Odeur	2e
Teintureries	Odeur et altération des eaux. . .	3e
Teintureries de peaux	Odeur	3e
Terres émaillées (Fabrication de) :		
1° Avec fours non fumivores	Fumée	2e
2° Avec fours fumivores	Fumée accidentelle	3e
Terres pyriteuses et alumineuses (Grillage des).	Fumée, émanations nuisibles. . .	1re
Teillage du lin, du chanvre et du jute en grand	Poussière et bruit	2e
Térébenthine (Distillation et travail en grand de la). [Voir *Huiles de pétrole, de schiste, etc.*]		
Tissus d'or et d'argent (Brûleries en grand des). [Voir *Galons.*]		
Toiles cirées. (Voir *Taffetas et toiles vernis.*)		
Toiles (Blanchiment des). [Voir *Blanchiment.*]		
Toiles grasses pour emballage, tissus, cordes goudronnées, papiers goudronnés, cartons et tuyaux bitumés (Fabrique de) :		
1° Travail à chaud.	Odeur, danger d'incendie	2e
2° Travail à froid.	*Idem*	3e
Toiles peintes (Fabrique de)	Odeur	3e
Toiles vernies (Fabrique de). [Voir *Taffetas et toiles vernis.*]		
Tôles et métaux vernis.	Odeur, danger d'incendie	3e
Tonnelleries en grand opérant sur des fûts imprégnés de matières grasses et putrescibles	Bruit, odeur et fumée	2e
Torches résineuses (Fabrication de). . .	Odeur et danger du feu	2e
Tourbe (Carbonisation de la) :		
1° A vases ouverts	Odeur et fumée	1re
2° En vases clos	Odeur	2e
Tourteaux d'olives (Traitement des) par le sulfure de carbone.	Danger d'incendie.	1re
Tréfileries.	Bruit et fumée	3e
Triperies annexes des abattoirs	Odeur et altération des eaux. . .	1re
Tueries d'animaux. (Voir aussi *Abattoirs publics.*).	Danger des animaux et odeur . .	2e

DÉSIGNATION DES INDUSTRIES.	INCONVÉNIENTS.	CLASSES.
Tuiles métalliques (Trempage au goudron des)	Émanations nuisibles, danger d'incendie	2e
Tuileries avec fours non fumivores . . .	Fumée	3e
Tuyaux de drainage (Fabrique de). . . .	*Idem*	3e
Urate (Fabrique d'). [Voir *Engrais préparés.*]		
Vacheries dans les villes de plus de 5,000 habitants.	Odeur et écoulement des urines .	3e
Varech. (Voir *Soudes de varech.*)		
Verdet ou vert-de-gris (Fabrication du) au moyen de l'acide pyroligneux.	Odeur	3e
Vernis. (Voir *Argenture des glaces.*)		
Vernis gras (Fabrique de).	Odeur et danger d'incendie. . . .	1re
Vernis à l'esprit-de-vin (Fabrique de) . .	*Idem*	2e
Vernis (Ateliers où l'on applique le) sur les cuirs, feutres, taffetas, toiles, chapeaux. (Voir ces mots.)		
Verreries, cristalleries et manufactures de glaces :		
1° Avec fours non fumivores	Fumée et danger d'incendie . . .	2e
2° Avec fours fumivores.	Danger d'incendie.	3e
Vessies nettoyées et débarrassées de toute substance membraneuse (Atelier pour le gonflement et le séchage des)	Odeur	2e
Viandes (Salaisons des). [Voir *Salaisons.*]		
Visières vernies (Fabrique de). [Voir *Feutres.*]		
Voiries. (Voir *Boues et immondices.*)		
Wagons (Construction de). [Voir *Machines.*]		

Nancy, impr. Berger-Levrault et Cie.

NANCY, IMPRIMERIE BERGER-LEVRAULT ET Cie.

www.ingramcontent.com/pod-product-compliance
Ingram Content Group UK Ltd.
Pitfield, Milton Keynes, MK11 3LW, UK
UKHW021156230726
13926UKWH00001B/125

9 782014 086676